Les Silences d'un cœur plein

Wenza

Les Silences d'un cœur plein

Récit poétique

Du même auteur

- *Sur le Chemin de l'écrit / Deg ubrid n tira, Éditions du Net, Septembre 2022*

- *Le Soupir de l'espoir / Nnehta n Ussirem – Sur le Chemin de l'écrit - Tome 2 / Deg ubrid n tira (2), Éditions du Net, Janvier 2023*

- *Le Courage d'un Coeur / Tabɣest n Wul – Sur le Chemin de l'écrit - Tome 3 / Deg ubrid n tira (3), Éditions du Net, Octobre 2024*

- *Un pas vers la Lumière / Icerriq ɣer Tafat – Sur le Chemin de l'écrit - Tome 4 / Deg ubrid n tira (4), Éditions du Net, Avril 2025*

Wenza, de son vrai nom Nabila Haliche, est une poétesse kabyle et auteure-compositrice née en 1990 au village Tagelt, dans la commune de Souamaâ, en Kabylie. Après avoir obtenu son baccalauréat, elle a poursuivi des études supérieures à l'université de Tizi-Ouzou tout en nourrissant sa passion pour la poésie. Dès son jeune âge, elle s'est lancée dans l'écriture et a découvert son talent de comédienne en intégrant l'association Iseɣ de Souamaâ, où elle s'est également ouverte au théâtre.

En 2015, Wenza a écrit et mis en scène l'opérette "Le Cri de la Terre", produite par Akfadou Production et réalisée par le studio 51. L'année suivante, elle a été présentée lors du Festival du film amazigh à Tizi Ouzou, où elle a été récompensée par un prix d'encouragement. Auteure de quatre recueils de poésie, elle a également publié deux albums, « Chants et Poésie Berbères de Kabylie et "La Poésie Lyrique", distribués sur différents supports.

Wenza a participé à diverses émissions radio (Beur FM) et télévisuelles (BRTV), ainsi qu'à de nombreuses performances sur scène, dont un festival de poésie à Bobigny où elle a remporté le 2ème prix, et un concert-hommage à Lounès Matoub en 2023. Cette même année, elle a pris part à "La Journée du Manuscrit" au Grand Rex de Paris.

En 2025, elle fonde Les Editions PLURAM, une maison indépendante ou la poésie devient un refuge, un acte de soin, une voix pour celles et ceux qu'on n'écoute pas toujours.

Préface

Il existe des amours qui ne laissent aucune trace visible,
Des attachements profonds vécus dans le silence.
Des sentiments qui n'ont jamais été partagés,
Mais qui ont habité un cœur avec toute la force du réel.

Ce recueil est né de ces émotions discrètes,
De ces liens invisibles tissés sans retour.
Il ne raconte pas une histoire d'amour,
Mais la présence d'un amour qui n'a pas eu lieu.
Et pourtant… qui a tout changé à l'intérieur.

Ces poèmes ne sont pas à lire avec les yeux,
Mais avec l'âme.
Ils s'adressent à celles et ceux
Qui ont aimé dans l'ombre,
Qui ont ressenti sans réponse,
Mais dont le cœur…
Est resté plein.

Le poids du cœur

C'est un amour pas comme les autres,
Un amour silencieux, sans traces, sans échos.
Brisé sans même avoir commencé.
Le cœur a pris un coup,
Mais pas un coup de foudre,
Un coup de douleur, un coup de chagrin.

Une sensation de faiblesse,
Une voix jamais écoutée.
Un amour étouffé,
Qui brille d'un côté,
Et s'éteint de l'autre.

Sans avoir vécu

Sans avoir vécu quoi que ce soit,
Le cœur, lui, s'est déjà attaché.
Pas un regard profond,
Pas une main effleurée,
Et pourtant, quelque chose est né.

Il s'est accroché à un sourire,
À une voix à peine entendue,
À une présence légère
Comme un souffle qui passe
Et ne revient plus.

Aucun souvenir à raconter,
Mais une émotion qui s'impose.
C'est étrange,
De ressentir aussi fort,
Sans fondation, sans histoire,
Juste un élan,
Juste un espoir.

Le cœur têtu

L'esprit a compris,
Il a accepté l'absence,
Il a tiré un trait
Sur ce qui n'a jamais commencé.

Mais le cœur, lui,
Refuse d'écouter.
Il s'obstine,
Il espère,
Il s'accroche
À une lumière inventée.

Il rejoue la même scène,
Chaque nuit,
Chaque silence,
Il bat pour une illusion,
Comme si l'amour
Pouvait naître de l'imaginaire.

Le cœur est têtu,
Il ne veut pas guérir.
Il préfère souffrir
Plutôt que d'oublier
Celui qui ne sait même pas
Qu'il est aimé.

Un amour sans écho

C'est un amour qui parle tout bas,
Dans un coin de l'âme,
Où personne n'écoute.

Il envoie des signes,
Des pensées muettes,
Des battements timides,
Mais rien ne revient.
Aucun reflet,
Aucun regard,
Pas même une ombre.

C'est un amour sans écho,
Un cri dans une pièce vide,
Un feu sans flamme,
Qui réchauffe le cœur,
Mais consume l'intérieur.

Et pourtant…
Il continue de vibrer,
Même sans réponse.
Car certains cœurs
N'aiment pas pour être aimés,
Ils aiment… parce qu'ils ne savent pas faire
autrement.

Le rêve d’un lien

Ce lien, il n’existe pas,
Mais le cœur le sent.
Invisible aux yeux,
Réel pour l’âme.

C’est un fil tissé
Par les silences et les regards volés,
Un rêve discret
Qu’aucune réalité ne vient troubler.

Chaque jour,
Il imagine ce "nous"
Qui n’a jamais vu le jour.
Il construit des instants,
Des gestes,
Des mots jamais dits,
Comme si l’amour pouvait naître
Sans rencontre ni promesse.

Ce n’est pas une folie,
C’est un besoin d’aimer,
Même dans le vide,
Même dans l’ombre.

Car parfois,
Le cœur préfère rêver un lien,
Plutôt que d’admettre
Qu’il est seul à aimer.

L’amour silencieux

L’amour silencieux
Se glisse sans prévenir.
Il n’a pas besoin de mots,
Il ne réclame rien.

Il existe sans preuve,
Sans promesse,
Sans regard prolongé.

Souvent,
Il n’est même pas su.
Pas par celui qui inspire,
Ni par ceux qui observent.

Et pourtant,
Il bat,
Il brûle,
Il persiste…
Dans un seul cœur,
Sans retour,
Sans écho,
Sans témoin.

L'attente sans raison

L'amour silencieux
Ne fait pas de bruit,
Mais il attend.

Il ne promet rien,
Ne demande rien,
Mais il espère.

Chaque jour,
Il guette un signe
Qui ne viendra peut-être jamais.
Il reste là,
Sans logique,
Sans raison.

Il sait, au fond,
Que rien ne bougera.
Mais il persiste,
Comme s'il suffisait
D'un souffle,
D'un hasard,
Pour tout bouleverser.

L'attente devient habitude,
Et l'habitude devient lien.
Même sans réponse,
L'amour attend…
Parce qu'il ne sait pas faire autrement.

L’amour à sens unique

Il ne se partage pas,
Mais il existe.
Un amour qui avance seul,
Sans compagnon de route.

Il tend la main
Vers un vide qui ne répond pas.
Il offre,
Sans jamais recevoir.

Pas de regards croisés,
Pas de mots échangés,
Juste une direction
Où un seul cœur marche.

Ce n’est pas un caprice,
Ni un aveuglement.
C’est une certitude douce,
Douloureuse parfois,
Mais sincère.

Un amour à sens unique
Ne fait pas demi-tour.
Il continue,
Même s’il sait
Qu’il n’y aura personne à l’arrivée.

Le feu sans flamme

C’est un feu sans flamme,
Invisible à l’œil nu.
Il ne brûle pas les mains,
Mais consume l’intérieur.

Il ne s’allume pas avec des gestes,
Ni avec des mots.
Il naît d’un frisson,
D’un battement inattendu,
D’un silence trop long.

Il réchauffe sans chaleur,
Il éclaire sans lumière.
Un feu discret,
Qui vit sans être vu,
Et meurt parfois
Sans avoir existé.

Mais tant qu’il existe,
Il veille.
Il brûle en secret,
Au creux d’un cœur
Que personne ne soupçonne.

Le lien imaginaire

Il n’y a pas eu de promesse,
Ni de rencontre véritable.
Et pourtant,
Un lien s’est tissé.

Fait de pensées muettes,
De scénarios silencieux,
De gestes rêvés.

Rien de concret,
Mais tout semble réel.
Comme si l’invisible
Pouvait relier deux âmes
Sans qu’elles se touchent.

C’est un fil qu’on ne voit pas,
Mais que l’on sent.
Un fil qui relie l’intérieur
À ce qu’il n’a jamais eu,
Mais qu’il n’arrive pas à oublier.

Un lien imaginaire,
Mais tenace.
Né du cœur,
Et nourri par l’absence.

L'écho d'un seul cœur

Dans cet amour-là,
Il n'y a qu'un battement.
Un seul cœur qui parle,
Et écoute son propre écho.

Il envoie des signaux,
Des pensées légères,
Des élans muets,
Mais rien ne revient.

Le silence n'est pas vide,
Il est chargé de rêves,
De mots qui n'ont pas été dits,
De gestes jamais esquissés.

Ce cœur ne dialogue pas,
Il se répond à lui-même.
Et même seul,
Il continue d'aimer,
Comme si l'absence
Était aussi une forme de présence.

L’amour sans histoire

Il n’y a pas de souvenirs à raconter,
Pas de lieux partagés,
Pas de moments gravés.

Et pourtant,
L’amour est là.

Sans passé,
Sans chapitre,
Sans début officiel.

Il vit dans l’ombre
Des regards croisés trop vite,
Des présences à distance,
Des pensées qui s’inventent des instants.

Un amour sans histoire
N’a rien à montrer,
Mais tant à ressentir.

Il ne s’écrit pas,
Il se devine,
Dans le silence d’un cœur
Qui a tout vécu
Sans rien vivre.

La présence qui ignore

Il y a des présences
Qui ne savent pas qu'elles comptent.
Des êtres ordinaires,
Qui traversent un espace
Et laissent une trace
Sans le savoir.

L'amour silencieux
S'accroche parfois
À une présence qui ignore tout.
Elle inspire,
Sans vouloir.
Elle touche,
Sans se retourner.

Et pourtant,
Le cœur la reconnaît,
Comme si elle était faite
Pour éveiller quelque chose
Qui ne trouvera jamais sa place.

C'est cela aussi,
La douleur douce :
Sentir l'importance
D'une présence
Qui ne saura jamais qu'elle était essentielle
Pour un cœur qu'elle n'a jamais vu.

Ce qui ne sera jamais dit

Il y a des mots
Que l'amour garde en cage.
Trop fragiles pour le monde,
Trop lourds pour la voix.

Des phrases entières
Étouffées dans le silence,
Formées dans l'ombre,
Puis effacées avant d'exister.

Ce n'est pas par peur,
Ni par honte.
C'est juste que certains sentiments
N'ont pas besoin d'être entendus
Pour être vrais.

L'amour silencieux
Porte en lui
Ce qui ne sera jamais dit,
Mais qui résonne
À chaque battement
D'un cœur qui sait...
Et qui se tait.

L'invisible compagnie

L'amour silencieux
N'est jamais vraiment seul.
Il marche dans l'ombre,
À côté d'une présence
Que personne ne voit.

Pas besoin de mots,
Pas besoin de gestes.
Il suffit d'une pensée
Pour sentir qu'il est là.

Il accompagne les jours gris,
Apaise les nuits vides,
Sans jamais se montrer.

Invisible aux yeux,
Mais fidèle au cœur,
Il devient cette compagnie
Que l'on n'attend plus,
Mais qui reste là,
Doucement,
Comme une brise
Qu'on ne peut saisir.

L’attachement sans preuve

Il n’y a pas de preuves,
Pas de messages,
Pas de souvenirs partagés.

Et pourtant,
L’attachement est là.

Silencieux,
Incompréhensible,
Mais solide.

Il ne s’explique pas,
Ne se justifie pas.
Il existe sans raison,
Comme une racine
Plantée dans le vide.

Ce lien-là
Ne se voit pas,
Mais il tient.
Il résiste au temps,
À l’indifférence,
À l’absence même.

Un attachement sans preuve,
Mais plus réel
Que bien des histoires racontées.

L'amour sans issue

Il avance,
Sans chemin.
Il espère,
Sans but.
Il existe,
Sans avenir.

L'amour sans issue
Ne cherche pas à convaincre,
Il ne force rien.
Il persiste,
Parce qu'il est là.

Il sait que rien n'arrivera,
Mais il continue de battre.
Pas pour construire,
Mais simplement... pour exister.

C'est un couloir sans porte,
Un ciel sans horizon,
Mais le cœur s'y promène,
Comme s'il y trouvait
Un peu de chaleur
Dans la douleur.

La constance du cœur

Il y a des cœurs
Qui ne changent pas de direction.
Même face au vide,
Même face à l'oubli.

Ils continuent,
Jour après jour,
À aimer en silence.

Pas pour être vus,
Pas pour être compris.
Juste parce que c'est leur nature.

Ils ne renoncent pas,
Pas par entêtement,
Mais par fidélité à ce qu'ils ressentent.

La constance du cœur,
C'est cette force tranquille
Qui ne fait pas de bruit,
Mais qui résiste
À tout ce qui passe,
Et à tout ce qui ne vient pas.

Ce qui reste dans l'ombre

Il y a des sentiments
Qui ne demandent pas à briller.
Ils naissent dans l'ombre,
Et y demeurent,
Paisibles, discrets.

Ce ne sont pas des secrets,
Ni des fardeaux.
Ce sont des élans
Que le cœur garde pour lui,
Comme on garde un trésor
Que personne ne doit altérer.

Ils ne réclament rien,
N'attendent rien.
Ils existent
Parce qu'ils ont trouvé leur place
Dans le silence.

Ce qui reste dans l'ombre
N'est pas moins vrai.
C'est parfois là
Que l'amour est le plus pur.

L’amour qui n’a pas eu lieu

Il n’a pas commencé,
Et pourtant, il a tout traversé.
Pas de débuts,
Pas de souvenirs,
Pas de traces sur le monde.

Mais il a marqué un cœur,
En silence.

L’amour qui n’a pas eu lieu
Est souvent le plus tenace.
Il ne s’est jamais construit,
Mais il ne s’est jamais effacé.

Il vit sans passé,
Sans futur,
Sans preuve.
Et pourtant,
Il pèse,
Il berce,
Il blesse.

Un amour invisible,
Mais entier.
Un amour sans histoire,
Mais inoubliable.

À celles et ceux qui ont lu…

Merci d'avoir laissé ces silences vous parler.

Merci d'avoir ressenti sans avoir besoin de comprendre.

Parfois, un mot suffit.

Parfois, il ne dit rien.

Mais il reste.

Sommaire

Impression : Libri Plureos GmbH,
Friedensallee 273, 22763
Hamburg (Allemagne)

Édité par : Éditions PLURAM
SIRET : 94329541000014
Code APE : 5811Z
Première édition : 2025
ISBN : 9791097673109
Prix : 12 Euros